Unter gutem Stern geboren

24. Juli bis
23. August

Der weitherzige Löwe

Himmlische Erkenntnisse
für irdisches Lebensglück

Scherz

*Der LÖWE und
die andern Zeichen*

Löwe und Widder
verbinden spontan ihre Dynamik in einem einzigen Willen, den der zweite durchsetzt und der erste festigt.

Löwe und Stier
reiben sich eher aneinander, als daß sie sich ergänzen: der eine will herrschen, der andere besitzen.

Der Löwe und

Löwe und Zwilling
finden spielend zueinander. In gemeinsamer Arbeit verknüpfen sie Kraft und Geist, Willen und Intelligenz.

Löwe und Krebs
sind so verschieden wie Tag und Nacht: der eine prahlt und ist imposant, der andere verinnerlicht und geheimnisumwittert.

die andern Zeichen

Löwe und Löwe
gegenseitiger Stolz kann sich unter Umständen als Stein des Anstoßes auf dem Wege zu echter Gemeinschaft erweisen; gegenseitiger Ansporn und wechselseitige Steigerung im Hinblick auf vorwiegend äußere Ziele.

Löwe und Jungfrau
stehen sich durch ihre ungleichen Grundanschauungen und Gefühle von Größe und Minderwertigkeit fremd gegenüber.

Der Löwe und

Löwe und Waage
haben das soziale Empfinden, die Mitteilsamkeit und die Fröhlichkeit gemeinsam.

Löwe und Skorpion
geraten sehr schnell in Konflikt miteinander. Unvereinbare Grundkräfte prallen aufeinander.

die andern Zeichen

Löwe und Schütze
ergeben eine ausgezeichnete Verbindung. Sie verwirklichen im gemeinsamen Einverständnis hochgesteckte Ziele.

Löwe und Steinbock
wetteifern in ihrem Ehrgeiz. Der eine strebt nach greifbarem Erfolg, der andere nach verborgener und hintergründiger Macht. Sie verstehen sich und können zusammen viel erreichen.

und die andern Zeichen

Löwe und Wassermann
sind Gegensätze: der erste lebt nur
für sich, der zweite für die andern.
Ein gegenseitiges Verständnis ist nur
möglich, wenn der Wassermann
sich dem Löwen unterordnet.

Löwe und Fisch
haben nichts miteinander gemeinsam; sie verstehen sich nicht und
empfinden auch keine Sympathie
füreinander.

Wie man den LÖWEN erkennt

Wie man den Löwen erkennt

Der Löwe herrscht über alle Tiere. Der Löwe-Mensch herrscht über Sie und uns. (Ich weiß, daß es eigentlich nicht stimmt. Aber bitte, sagen Sie es ihm nicht. Sein großes, warmes, selbstsüchtiges Herz würde brechen.) Am besten ist es, Sie lassen ihm seinen Glauben. Dann wird er schnurren, statt zu brüllen. Wenn Sie das Raubtier näher

Wie man den Löwen erkennt

studieren wollen, besuchen Sie die flimmernd hellen, exklusiven Restaurants der Stadt. Mindestens die Hälfte der Menschen, die dort auf großem Fuß leben, werden Löwen sein. Die scheueren Katzen leben zu Hause auf großem Fuß. Der Löwe verabscheut Dunkelheit und Langeweile.
Wenn jemand leicht errötet,

Wie man den Löwen erkennt

können auch Stolz und Selbstgefälligkeit die Gründe sein. Das ist etwas ganz anderes als das übliche Erröten. Das Gesicht des Löwen ist vielleicht errötet, weil er zuviel getanzt hat. Oder er glüht, weil die große Liebe seines Lebens gerade vorübergegangen ist. Auf keinen Fall ist Introvertiertheit oder Schüchternheit der Grund. Es gibt keine in-

Wie man den Löwen erkennt

trovertierten Löwen. Es gibt nur Löwen, die vorgeben, introvertiert zu sein. Es ist wichtig, sich das zu merken. Vielleicht finden Sie ein paar Löwen, deren herrschende Sonne etwas verdunkelt ist und die stark, würdig und ruhig sind. Lassen Sie sich nicht täuschen. Sogar der sanfte Löwe spürt innerlich das königliche Recht, Freunde und Fami-

Wie man den Löwen erkennt

lie zu beherrschen. Wenn Sie
mir nicht glauben, suchen Sie
sich einen ruhigen Löwen, der
so tut, als sei er introvertiert,
und greifen Sie seinen Stolz
an. Nehmen Sie ihm etwas
fort, von dem er annimmt,
daß es mit gutem Recht ihm
gehört, erteilen Sie ihm Befehle und zeigen Sie ihm keinen Respekt. Sie werden diese
sanfte Katze brüllen hören,

Wie man den Löwen erkennt

daß es meilenweit klingt. Man braucht ein tapferes Herz, den Löwen herauszufordern, wenn er sein Recht und seine Würde verteidigt. Manche Löwen werden im Alter zahmer, aber in Wahrheit beugt der Löwe niemals sein stolzes Haupt. Niemals.

Was die körperlichen Merkmale dieses Sonnenzeichens

Wie man den Löwen erkennt

betrifft, so sehen Sie sich nur nach Leuten um, die einem Löwen oder einer Löwin ähneln, das Haar wie eine Mähne tragen und eine täuschend träge Miene zur Schau stellen. Löwen haben einen geraden und stolzen Gang und gleiten doch sanft dahin wie eine Katze. Die Frauen zeigen geschmeidige Anmut neben einer verhaltenen, vibrierenden

Wie man den Löwen erkennt

Heftigkeit, die sie unter einer weichen, ruhigen und gleichmäßigen Natur verbergen. Aber vergessen Sie nicht, daß die Löwin stets bereit ist, zuzuschlagen, wenn sie sich bedroht fühlt. Ihre Krallen sind eingezogen, aber sie sind scharf.

Sie werden ein imponierendes Auftreten und eine würdevolle Haltung beobachten, wenn

Wie man den Löwen erkennt

der Löwe auf all die gewöhnlichen Sterblichen herabsieht. Meist sind Bewegungen und Rede bedächtig. Selten sprechen Löwen schnell, laufen oder gehen auch nur eilig (wenn nicht Mond oder Aszendent im Widder oder in den Zwillingen stehen). In einer Gruppe wird man den Löwen nicht lange übersehen. Entweder erregt er die Aufmerksam-

Wie man den Löwen erkennt

keit durch dramatische Schilderungen und Handlungen – oder er erreicht das gleiche durch Maulen und Schmollen hinter dem großen Gummibaum, bis jemand herbeiläuft und fragt, was denn nur los sei.

Es gibt auch blauäugige Löwen, aber viele, besonders die weiblichen, haben dunkelbraune Augen, die zuerst

Wie man den Löwen erkennt

weich und sanft sind und dann feurig funkeln; oft sind sie rund und leicht schräg an den Winkeln. Das Haar ist dunkel oder rotblond und im allgemeinen wellig. Es wird entweder sehr nachlässig frisiert, so daß es oben und an den Seiten hochsteht, oder streng zurückgekämmt. Die Gesichtsfarbe ist ausgesprochen rosig.

Wie man den Löwen erkennt

Löwen haben eine seltsame Wirkung auf andere Menschen, und es ist amüsant, das zu beobachten. Man kann schwerlich vor einem Löwen stehen, ohne sich voll aufzurichten, Bauch rein – Brust raus. Ich weiß wirklich nicht, ob wir Bauern dabei nur die königliche Haltung des Löwen nachahmen oder ob wir Mut fassen für die mögliche

Wie man den Löwen erkennt

Predigt, die er uns halten könnte, denn er verteilt freigebig Ratschläge. Löwen haben die Neigung, einem in leicht überheblicher, herablassender Art zu erklären, wie man sein Leben führen müsse.
Diese Neigung zum Lehren führt dazu, daß so viele Löwen Erzieher, Politiker und Psychiater werden. Das Ärgerliche dabei ist, daß sie zwar die

Wie man den Löwen erkennt

Probleme anderer Leute überblicken und lösen können, bei ihren eigenen Angelegenheiten jedoch weniger erfolgreich sind. Aber das ist es gerade, was den Löwen so liebenswert macht; seiner Überlegenheit und seinen ausgezeichneten Fähigkeiten steht eine offenkundige Verwundbarkeit des Selbstgefühls gegenüber.
Die stolze, würdevolle Katze

Wie man den Löwen erkennt

verwundbar? Ja, tatsächlich! Der Löwe ist tief verletzt, wenn Sie seine Weisheit und seine Großzügigkeit nicht respektieren. Wenn Sie ihn besänftigen wollen, schmeicheln Sie ihm einfach. In neun von zehn Fällen wird er von einem brüllenden Raubtier zu einem scheuen, fügsamen Kätzchen, das sich offensichtlich in den Komplimenten sonnt.

Wie man den Löwen erkennt

Diese Schwäche ist der kritische Punkt für manchen ernsten, autokratischen Löwen. Die Eitelkeit ist seine Achillesferse. Schmeichelei ist Balsam für ihn, Mangel an Respekt macht ihn blind vor Wut, und diese Gegensätze machen ihn unfähig, ein ausgewogenes Urteil abzugeben. Es gibt einige Löwen, die diese Neigungen erfolgreich bekämp-

Wie man den Löwen erkennt

fen, aber sie sind bei diesem Sonnenzeichen doch immer latent vorhanden. Der Löwe muß sich einfach hin und wieder überlegen vorkommen und sich dramatisch aufführen.

In mancher Hinsicht sind die Löwen recht schlau. Selten werden sie ihre Energie unnötig verschwenden, so wie es

Wie man den Löwen erkennt

der Widder oft tut. Daher sind die Löwen auch gute Organisatoren und recht klug im Verteilen von Pflichten. Ihre Befehle sind überraschend wirkungsvoll, wenn sie das Pathos etwas dämpfen, denn sie sind Meister der einfachen, freimütigen Rede, auch wenn alles ein bißchen nach Theater riecht. Der Löwe äußert seinen Beifall großzügig und

Wie man den Löwen erkennt

offen und kann fast peinlich übertriebene Komplimente machen. Er hält aber auch mit seinem Mißfallen keineswegs zurück. Was er sagt, meint er gewöhnlich auch. Er kann besänftigen oder zerstören, aber er hinterläßt immer einen Eindruck.

Die königliche Art dieses Sonnenzeichens kommt deutlich zum Ausdruck, wenn der Löwe sich als Gastgeber betätigt. Man hat das Gefühl, in einem königlichen Palast zu sein. Löwen setzen ihren Gästen auch ausgezeichnetes Essen und gute Weine vor und umgeben sie mit schönen Frauen und sanfter Musik. Welch ein Überfluß. Nicht einmal Ludwig XIV. hatte es so gut. Aber nach Ludwig XIV. kam die Sintflut – und auch bei vielen

Wie man den Löwen erkennt

Löwen kommt nach dem Tanz und Spiel die Sintflut: Anträge, Leidenschaften, Tränen, Ärger, Abbitte, Gefühlsverwirrungen.
Da wir gerade von Liebesgeschichten sprechen, in die der Löwe häufig verwickelt ist, müssen wir feststellen, daß es hier bei beiden Geschlechtern nicht viele Junggesellen gibt. Wenn Sie doch einige treffen,

Wie man den Löwen erkennt

geben Sie kein vorschnelles Urteil ab, bevor Sie die Lage sondiert haben. Vielleicht ist er nicht verheiratet, wenn Sie ihn kennenlernen, aber er ist verliebt oder wird es in Kürze sein, oder er hat gerade eine Bindung gelöst und zeigt einen pathetischen, verlorenen Ausdruck. Viele Liebesaffären und Ehen zerbrechen am feurigen Stolz des Löwen.

Wie man den Löwen erkennt

Ein Löwe ohne seine Gefährtin ist meist ein kummervoller Anblick. Wenn aber sein Stolz von der Geliebten oder vom Ehepartner verletzt worden ist, kann er den traurigen Ausdruck verlieren und ziemlich wütend sein. Trotzdem kann er in stoischer Ruhe mehr ertragen als viele andere und jede Situation durch Optimismus meistern.

Wie man den Löwen erkennt

Da geistige und seelische Harmonie zum Wesen der großen Katze gehören, sind die Versöhnungen so häufig wie die Trennungen, wenn das Feuerwerk der verletzten Würde einmal verloschen ist. Ein Leben ohne Liebe ist für Löwen und scheue Kätzchen undenkbar. Die Sonne scheint nicht mehr für sie, wenn die Liebe stirbt.

Wie man den Löwen erkennt

Diese Männer und Frauen stützen sich nicht auf andere Menschen, sondern sie ziehen es vor, daß man sich auf sie stützt. Der Löwe beklagt sich vielleicht theatralisch, daß er alle Bürden zu tragen habe und alles von ihm abhinge, aber achten Sie nicht darauf. Er tut es nur zu gern. Versuchen Sie einmal, ihm seine Last abzunehmen oder Ihre

Wie man den Löwen erkennt

Hilfe anzubieten. Sie werden sehen, wie schnell er geringschätzig ablehnt. Besonders sträubt er sich dagegen, finanzielle Unterstützung anzunehmen. Obwohl er häufig knapp bei Kasse sein mag, ist er immer überzeugt, daß er irgendeinen Weg finden wird, um wieder zu Geld zu kommen. Sehr wenige Löwen können sparen. Sie werden vielleicht

Wie man den Löwen erkennt

einmal einen finden, der in seiner frühen Jugend durch einen Gerichtsvollzieher verschreckt worden ist und sich nun benimmt, als stünde er dauernd vor den Pforten des Schuldgefängnisses. Aber der typische Löwe ist im Grunde ein leidenschaftlicher Spieler und oft sehr verschwenderisch. Alles soll erstklassig und luxuriös sein. Für Vergnügun-

Wie man den Löwen erkennt

gen ist er jederzeit bereit zu zahlen. Aber seine Großzügigkeit erstreckt sich auch auf andere. Eher wird er sich Geld von einem Dritten leihen als zugeben, daß der König nicht in der Lage ist, seinen bedürftigen Untertanen zu helfen. Das ist allerdings der letzte Ausweg, denn die Löwen schrekken davor zurück, sich Geld, Ratschläge oder Ermutigun-

Wie man den Löwen erkennt

gen von anderen zu holen. Sie haben genug Selbstvertrauen, um sich allein zu helfen, sie sind klug genug, ihren eigenen Goldschatz anzuhäufen – und auf Ratschläge legen sie schon gar keinen Wert. Man holt sich nur bei denen Rat, die einem überlegen sind, und wer ist dem Löwen überlegen?

Die Löwen sind anfällig für

Wie man den Löwen erkennt

hohes Fieber, Unfälle und plötzliche, heftige Krankheiten. Dagegen sind sie meist immun gegen chronische, schleichende Übel. Da ihnen Halbheiten nicht liegen, strahlen diese Menschen entweder eine unglaubliche Vitalität aus, oder sie jammern darüber, daß sie nicht lange auf dieser Erde weilen werden. Das letztere ist die typische

Wie man den Löwen erkennt

Reaktion auf mangelnde Würdigung und Hunger nach Liebe.
Löwen haben entweder ein ausgezeichnetes Herz oder eine Herzschwäche. Sie können unter Schmerzen im Rücken und in den Schultern leiden. Es kommen Rückenmarksleiden, Schwierigkeiten mit den Unterleibsorganen, Unfälle an Beinen und Knöcheln, Hei-

Wie man den Löwen erkennt

serkeit und Halsentzündungen vor. Aber sie erholen sich rasch, und die größte Gefahr besteht darin, daß sie sich zuwenig schonen und ihre Krankheiten nicht richtig auskurieren. Im Bett zu bleiben und sich bedienen zu lassen, schmeichelt zwar der Eitelkeit des Löwen, aber wenn er merkt, daß er die Rolle des Schwachen anstatt des Starken

Wie man den Löwen erkennt

spielt, ist es mit der Faszination der Untätigkeit vorbei.

Es gibt keinen Mittelweg bei den von der Sonne beherrschten Menschen. Entweder sind sie entsetzlich unordentlich oder peinlich genau. Sie klatschen ganz gern und fühlen sich übergangen, wenn etwas in ihrer Umgebung passiert, das sie nicht verstehen. Der

Wie man den Löwen erkennt

Löwe ist ein festes Zeichen im Tierkreis. Es ist schwierig, ihn vom einmal eingeschlagenen Pfad abzubringen, obwohl er selbst ein Meister darin ist, andere von seiner Meinung zu überzeugen.
Löwen häufen nur Schätze an, um sie an andere zu verteilen, sobald sie es sich einmal auf dem glitzernden Thron mit weichen Kissen bequem ge-

Wie man den Löwen erkennt

macht haben. Sie können eine wilde Energie entwickeln, aber auch schläfrig und faul wie eine Katze sein. Wenn sie arbeiten, arbeiten sie. Wenn sie spielen, spielen sie. Wenn sie sich ausruhen, dann ruhen sie sich aus.

Die meisten Löwen haben großes Geschick darin, schmutzige und unangenehme Arbeiten an andere weiter-

Wie man den Löwen erkennt

zugeben, während sie sich selbst mit wichtigeren Dingen beschäftigen, wie etwa der Überlegung, wer der nächste Präsident sein sollte und wie der Krieg gewonnen werden könnte.
Überraschenderweise wird der Löwe jedoch in einer wirklichen Notlage sein Teil auf seine starken Schultern nehmen, seine Pflichten nie-

Wie man den Löwen erkennt

mals abwälzen, den Schutzlosen helfen, die Verängstigten beschützen (obwohl er selbst innerlich vielleicht doppelt soviel Angst hat), die Niedergeschlagenen ermuntern und die Verantwortung mutig tragen. Das ist die wahre Löwe-Natur, die zum Vorschein kommt, wenn die Playboy-Phase überwunden ist.
Der Löwe ist ein treuer

Wie man den Löwen erkennt

Freund, ein mächtiger, aber gerechter Feind, schöpferisch und originell, stark und gesund. Er kleidet sich prächtig, passend zu seiner lebhaften Persönlichkeit. Wir übersehen seine Arroganz, seine manchmal unerträgliche Selbstsucht, seine ziemlich lächerlichen Anfälle von Eitelkeit und Faulheit, weil sein Herz aus purem Gold ist.

*Kleiner Steckbrief
für den LÖWEN*

Kleiner Steckbrief

Sein Symbol
Der Löwe

Sein Element
Das Feuer

Sein Herrscher
Die Sonne

Kleiner Steckbrief

Sein Tag
Der Sonntag

Seine Edelsteine
Rubin und Diamant

Sein Metall
Das Gold

Kleiner Steckbrief

Seine Zahl
Die Eins

Seine Farben
Hellrot und orange

Seine Blume
Die Pfingstrose

Der LÖWE und die Liebe

Der Löwe und die Liebe

Wenn der Löwe verliebt ist und das Gefühl seiner persönlichen Würde die Spontaneität seiner Liebe nicht beeinträchtigt, zeigt er sich von seiner schönsten und besten Seite. Er kennt ausgesprochene Gefühle der Zuneigung und Abneigung, die in ihm tiefe Freude oder bitteres Leid hervorrufen. Von zweifelhaften Gefühlen, unsicheren Verbindungen

Der Löwe und die Liebe

und halben Leidenschaften will er nichts wissen. Er steuert geradewegs auf sein Ziel zu; Liebe bedeutet ihm ein Fest glühender Erregung oder geistiger Flamme, eine Gelegenheit zu noblen Gesten. Sein großzügiges Herz ist geschaffen für die Liebe zu einem Partner gleichen Formats.

Die affektive Bindung ist in-

Der Löwe und die Liebe

dessen nicht die stärkste Seite des *männlichen Löwe-Typs*. Diesem Eroberer fällt es nicht leicht, sich dem andern in wirklicher Liebe hinzugeben. Er will Herr seiner selbst bleiben, er liebt, solange er Sieger bleibt. Ist die Liebe nicht mehr Eroberung, so scheint sie ihm entwürdigt, weil sie ihn unterjocht. Er fühlt dann nur noch den Wunsch, sich vom »demü-

Der Löwe und die Liebe

tigenden« Verlangen nach der Frau zu befreien. Im Grunde hält er, ungeachtet seiner Anteilnahme, die Frau für minderwertig.
Dieser männliche Hochmut kann ihn zu armseliger Einsamkeit führen. Die Frau ist für ihn ein Schmuckstück, eine Laune, ein Spiegelbild, aber tief im Innern verweigert er die Gemeinschaft mit der

Der Löwe und die Liebe

weiblichen Seele, die ihn herabsetzen und entwürdigen könnte. Er geht jeder »Liebesfalle« empört aus dem Weg, er vermeidet die »Kapitulation des Herzens«; enttäuschte Liebe wischt er aus seinem Herzen wie ein Sandkorn aus dem Auge. Er liebt nur sich selbst. Napoleon verkörpert trotz all seiner Liebesaffären ein eindeutiges Beispiel für das trübe

Der Löwe und die Liebe

Verhalten eines dissonanten Löwe-Typs.
Der verfeinerte Apollo-Typ, der diesen Konflikt zu meistern versteht, bleibt von übermäßigem Egoismus verschont. Doch ihn zu lieben, erweist sich als schwierig. Er ist wohl ein Idealist oder ein Ästhet, doch mit seinem Hang nach Vollkommenheit steht er allein.

Der Löwe und die Liebe

Der Herkules-Typ stürzt sich in die Liebe, ohne einen Blick zurück und ohne Skrupel; er will besitzen und seinen erotischen Heißhunger stillen. Ihm bedeutet die Frau nicht viel mehr als ein neuer Edelstein in seiner Krone.

Der Löwe-Typ liebt, ohne zu bedenken, ob man ihn wiederlieben könnte. Er ist baß erstaunt, wenn eine Frau ihm

Der Löwe und die Liebe

kühl entgegentritt. Für ihn gilt es als das Selbstverständlichste von der Welt, daß die Frauen eigens für ihn geschaffen sind. Er will bewundert werden. Mit Geschenken kargt er nicht, wenn sie dazu dienen, die weibliche Schönheit, die ihm gehört, herauszustellen. Es stört ihn nicht, wenn sie stolz ist, solange sie ihn selbst dadurch nicht beeinträchtigt

Der Löwe und die Liebe

und solange sie sich seinen Anschauungen, seiner Überzeugung und seinem Willen unterordnet; so lange bleibt sie die Beste, die Schönste, die Liebste.

Die Löwe-Frau faßt die Liebe mit Handschuhen an. Sie geht vorsichtig zu Werk. Die Liebe ist ihr ein kostbarer Trumpf im Kartenspiel des Lebens –

Der Löwe und die Liebe

ein Trumpf, den sie als letzte Karte gleichsam nur mit Handschuhen ausspielt. Nichts ist gefährlicher als die Liebe, die die Abgeschlossenheit des Ich sprengt, damit die Einheit des Paares und später die der Familie verwirklicht werde. Heiratet sie, so steuert sie ihr Boot entsprechend ihren Ambitionen.

Die Apollo-Frau stellt hohe

Der Löwe und die Liebe

Ansprüche an den Mann; ihr Verhalten wirkt dadurch manchmal zurückhaltend: um ihr zu gefallen, muß man ihr ebenbürtig sein.
Die Löwe-Frau spielt gern die Rolle der großen Liebenden, die alles beherrscht. Als kleines Mädchen träumt sie davon, sie sei eine umschwärmte Prinzessin oder ein Hirtenmädchen, das von einem Zau-

Der Löwe und die Liebe

berprinzen zur Königin oder neuerdings zum Filmstar erhoben würde. Älter geworden, sucht sie einen strahlenden Gatten in höherem Rang. An seinem Arm fühlt sie sich erst begehrenswert!

Die verliebten Löwe-Menschen sind außerordentlich anspruchsvoll. Der Mann ist ein Tyrann; kommt er außerhalb

Der Löwe und die Liebe

des Hauses nicht auf seine Rechnung, so hält er sich innerhalb der Familie schadlos. Aber auch die Löwe-Frau »zähmt« ihren Partner so lange, bis er ihren Wünschen und Anforderungen entspricht. Einst sah man das hervorstechendste Problem solcher Naturen im Konflikt zwischen Liebe und Ehre. In unserer modernen Gesellschaft liegt es

Der Löwe und die Liebe

im Konflikt zwischen Liebe und Ehrgeiz. Heute verzichtet ein junger Löwe-Mann oft um einer verheißungsvollen »Partie« willen auf ein armes, benachteiligtes Mädchen, auch wenn es seinen geheimsten Wünschen entspräche. Ähnlich setzt sich das Löwe-Mädchen über seine innersten Gefühle hinweg und heiratet einen reichen, oder besser noch,

Der Löwe und die Liebe

berühmten Mann, der seinen Ambitionen entspricht. Im übrigen sind die Schwierigkeiten wohl etwa die gleichen wie bei allen Ehepaaren. Einzig der Konflikt zwischen Liebe und Eigenliebe ist ausgeprägter: verletzte Eitelkeit ist der größte Feind ihrer Liebe. Der Löwe-Mensch will, daß man ihn mit uneingeschränkter Hingabe liebt.

. . . und für den, der gern Geschichten und Geschicke einzelner Sternzeichen liest: Lesen und schenken Sie die einzelnen Sternzeichenbände der Reihe »Kleine Bettlektüre«. Sie erfreuen jedes Herz.

Alle Nutzungs- und Verbreitungsrechte vorbehalten. Copyright © 1982 beim Scherz Verlag, Bern, München, Wien.